DID YOU

For two consecutive years, Paraguay topped the list as the happiest nation globally, according to a 2017 survey.

More than 70 mushroom species possess luminescent properties, emitting light in the dark.

Belgium clinched the Guinness world record for the lengthiest time required to establish an official government.

DID YOU KNOW?

Dylan Dauzat's supporters are affectionately referred to as "Dylanators."

Several butterfly species exhibit remarkable speed; for instance, the Skipper Butterfly can outpace a galloping horse.

Neptune's discovery marked the first instance where a planet was deduced through mathematical projections rather than direct telescopic observation.

DID YOU KNOW?

Foxes possess whiskers on their legs, aiding in orientation, particularly during low-light conditions.

Under certain lighting conditions, deep snow may exhibit a blue hue due to light filtration caused by additional layers of snow.

Crows exhibit the ability to recognize individual human faces and can harbor grudges.

DID YOU KNOW?

A Brussels airline flight bound for Vienna was disrupted when the pilot was assaulted in the cockpit by a passenger's feline companion.

May 22nd ranks as the least common birthdate.

Reindeer stands out as one of the few mammalian species capable of perceiving ultraviolet light.

DID YOU KNOW?

Angelina Jolie executed her own stunts during the filming of Lara Croft: Tomb Raider.

Due to its peculiar tilt, a solitary night on Uranus endures for 21 years.

Alaska is renowned for being the birthplace of the highest number of serial killers.

DID YOU KNOW?

The archive beneath the British Library boasts such a vast array of books that reading five books daily would necessitate 80,000 years to complete.

When the King of Macedon menaced Sparta with invasion, their retort was simply, "If." No further attempt was made to conquer the city.

A significant majority of Valentine's Day cards, approximately 85%, are purchased by women.

DID YOU KNOW?

Scientific studies have shown that chocolate ice cream can markedly alleviate both emotional and physical distress.

Due to the administration of paralytics, individuals who awaken during surgery would likely be unable to communicate their consciousness.

In the United States, utilizing a roommate's or friend's Netflix account constitutes a federal offense.

DID YOU KNOW?

Volkswagen holds ownership over Bentley, Bugatti, Lamborghini, Audi, Ducati, and Porsche.

Exposure to Facebook often leads individuals to overestimate the happiness of their friends, thereby contributing to feelings of depression.

Gatorade was initially developed to aid in the hydration of the Florida Gators Football Team.

DID YOU KNOW?

The contemporary salute is believed to have evolved from the manner in which French Knights greeted one another by lifting the visors of their helmets.

No romantic relationship is devoid of value; even if it doesn't yield what you anticipated, it imparts invaluable lessons.

On average, individuals in France sleep for 8.83 hours daily, the highest duration among developed nations.

DID YOU KNOW?

Akon holds the title of the top-selling artist for ringtones worldwide.

Albert Einstein entered into matrimony with his distant relative, Elsa Einstein.

In Pokémon games, Poliwag and Ditto emit identical cry sounds.

DID YOU KNOW?

The Hogwarts Express, which is depicted in the Harry Potter films, is an actual train traversing Scotland.

Scientists remain uncertain about the mating rituals of dinosaurs.

Nagoro, a village in Japan, boasts 35 residents alongside over 350 scarecrows.

DID YOU KNOW?

An alternative term for nieces or nephews is "niblings."

Daniel Radcliffe accidentally broke over 80 wands while filming the Harry Potter movies because he frequently used them as drumsticks.

The sensation often described as "butterflies" in the stomach upon encountering someone you like is actually a physiological stress response known as adrenaline.

DID YOU KNOW?

The United States has no federally designated official language; English holds official status in only 32 states.

It takes seven to eight trees to supply sufficient oxygen for a single person annually.

The population of the United Kingdom surpasses the combined populations of Canada, Australia, Norway, and Iceland, exceeding 65 million.

DID YOU KNOW?

Walking engages approximately 200 muscles with each stride.

March 12 is officially recognized as "Plant a Flower Day," so contribute something positive to the environment.

A group of baby rabbits is referred to collectively as a litter.

DID YOU KNOW?

All of Neil Patrick Harris's suits on How I Met Your Mother were custom-tailored for him; he kept some of them after the show concluded.

Iceland has developed a dating application to prevent individuals from unknowingly engaging in relationships with their relatives.

Celebrate April 12 as "Grilled Cheese Sandwich Day."

DID YOU KNOW?

Over 100,000 people in the United States receive speeding tickets daily.

Runway numbers at airports denote compass directions.

Suriphobia denotes an irrational fear of mice.

DID YOU KNOW?

The goliath frog, the largest frog globally, can attain lengths of up to 12.5 inches (32 cm) and weigh as much as 7.2 pounds (3.3 kg).

Ding-A-Ling Day falls on December 12; it's a reminder to reconnect with friends and family.

Venus boasts more volcanoes than any other planet in our solar system.

DID YOU KNOW?

The Great Wall of China stretches for 3,728 miles.

When Play-Doh was initially invented in the 1930s, it served as a wallpaper cleaner, not a toy.

The human foot comprises 26 bones.

DID YOU KNOW?

Turtles do not inhabit Antarctica; it's the only continent where they are absent.

Warren Buffett frequents McDonald's every morning, ordering one of three items and never exceeding $3.17 in expenses.

Psychopaths tend to focus solely on the potential positive outcomes of their actions, neglecting the negative consequences.

DID YOU KNOW?

Sprite was introduced by Coca-Cola as a response to the growing popularity of 7 Up.

The term "white" originates from the Indo-European root "kweit," meaning "to shine."

In 1999, PayPal was recognized as one of the top ten worst business concepts.

DID YOU KNOW?

Ziggy Marley, the son of Bob Marley, composed the theme song for the beloved children's cartoon Arthur at the age of 26.

Cameron Dallas's second name is Alexander.

When kissing someone, approximately 70% of individuals tend to incline their heads to the right rather than the left.

DID YOU KNOW?

Carrots contain no fat whatsoever.

Cards Against Humanity acquired an island in Maine for the purpose of wildlife preservation, known as Hawaii 2.

Even after decapitation, a snake's severed head retains the ability to bite and release a substantial amount of venom.

DID YOU KNOW?

King Kong was the inaugural film to spawn a sequel.

Your mouth generates approximately 2 to 4 pints of saliva daily.

Octopuses have three hearts and blue blood.

DID YOU KNOW?

A rhinoceros horn is made of keratin, the same material found in human hair and nails.

Butterflies taste with their feet.

Ostriches have the largest eyes of any land animal, and each one is bigger than its brain.

DID YOU KNOW?

Giraffes have no vocal cords.

A group of crows is known as a "murder."

The lifespan of a squirrel can be up to 10 years in the wild.

DID YOU KNOW?

Kangaroos can't walk backward.

Ants never sleep. Also, they don't have lungs.

Honey never spoils and can be eaten thousands of years later.

DID YOU KNOW?

Pineapples were once so rare that they were rented for parties as a display of wealth.

Peanuts aren't actually nuts; they're legumes.

Bananas are berries, but strawberries are not.

DID YOU KNOW?

Eating spicy foods can boost your metabolism.

The world's most expensive coffee, Kopi Luwak, is made from beans digested by civets.

The fear of cooking is known as Mageirocophobia.

DID YOU KNOW?

White chocolate isn't technically chocolate as it doesn't contain cocoa solids.

Peppers don't actually 'burn' your mouth. They trick your skin into feeling the heat.

Mustard is named after a technique for preparing the seeds called "mustarding."

DID YOU KNOW?

The largest-ever bowl of pasta was created in 2015 and weighed 7,900 pounds.

Lemons contain more sugar than strawberries.

The first food eaten in space by an American astronaut was applesauce.

DID YOU KNOW?

Cucumbers are 96% water.

It takes about 50 cups of corn to make one liter of corn oil.

The largest item on any menu in the world is roast camel.

DID YOU KNOW?

Broccoli contains more protein than steak per calorie.

Humans are the only animals that blush.

Your nose can remember 50,000 different scents.

DID YOU KNOW?

Sneezes can exit the body at speeds of up to 100 mph.

Every minute, your skin sheds over 30,000 dead cells.

It is impossible to tickle yourself.

DID YOU KNOW?

Humans are the only species known to blush.

The smallest bone in your body is in your ear and is called the stapes.

Humans are born with just one body part that is fully developed: the inner ear.

DID YOU KNOW?

Newborn babies are born with 300 bones, but by adulthood, we have only 206.

Blood makes up about 8% of your total body weight.

You would weigh less on Mars due to its lower gravity compared to Earth.

DID YOU KNOW?

The Sun contains 99.86% of the mass in our solar system.

Space is completely silent since there's no air to transmit sound.

A sunset on Mars appears blue.

DID YOU KNOW?

There is a volcano on Mars that is three times the height of Mount Everest. It is called Olympus Mons.

The surface area of Pluto is about the same as Russia's.

A sunset on Mars is blue.

DID YOU KNOW?

The Universe is thought to be over 13.8 billion years old.

The dwarf planet Eris was once considered for full planet status before being classified as a dwarf planet.

The first film ever made was only a few seconds long and showed a horse galloping.

DID YOU KNOW?

The longest film ever made lasts 35 days and 17 hours.

"Star Wars" was one of the first movies to bring toys as a major merchandise line.

The first commercial TV advertisement was for Bulova watches.

DID YOU KNOW?

Baseball was actually based on the English game of rounders.

Michael Phelps has won more Olympic gold medals than any other athlete in history, with a total of 23 gold medals.

The first Super Bowl was held in 1967 and was not sold out.

DID YOU KNOW?

Table tennis balls can travel off the paddle at speeds over 100 mph.

The youngest professional soccer player to debut was 12 years old.

The high five was allegedly invented by Los Angeles Dodgers outfielder Glenn Burke in 1977.

DID YOU KNOW?

Golf balls were originally made from leather stuffed with feathers.

The record for the most points scored in a single NBA game is 100, held by Wilt Chamberlain.

Archery is the national sport of the Kingdom of Bhutan.

DID YOU KNOW?

Ice hockey pucks are frozen before games to prevent them from bouncing during play.

The longest recorded flight of a Frisbee is 1,333 feet.

The first game of modern ice hockey was played in Montreal, Canada, in 1875.

DID YOU KNOW?

Humans are the only animals with chins. The function of the chin is still a mystery to scientists.

Queen Elizabeth II is a trained mechanic. She learned to repair military trucks during World War II.

In the Middle Ages, people believed that the left-handed were related to witchcraft.

DID YOU KNOW?

Benjamin Franklin designed one of the first American coins and suggested the motto "Mind your business".

Apples belong to the rose family, as do pears and plums.

There are over 7,500 varieties of apples worldwide, meaning you could eat a new variety every day for over 20 years

DID YOU KNOW?

Garlic is known to attract leeches.

Carrots were originally grown as medicine, not food, for various ailments.

Eggplants are fruits and are classified botanically as berries.

DID YOU KNOW?

Avocados are berries, too.

Pineapple can take up to three years to reach maturity and be ready to harvest.

An unopened can of Spam can remain edible for up to 3 years.

DID YOU KNOW?

The fear of vegetables is called Lachanophobia.

The Apollo 11 Lunar Lander which landed on the moon ran on just 4KB of RAM.

The first banner ad appeared on the Internet in 1994.

DID YOU KNOW?

Snapchat's original name was Picaboo.

Nintendo was originally a trading card company that began in 1889.

Facebook's "Like" button used to be called the "Awesome" button.

DID YOU KNOW?

In 2020, there were more than 1.5 billion Apple devices in active use around the world.

Wi-Fi is short for "Wireless Fidelity". However, the term is technically meaningless.

The original floppy disks introduced in the late 1960s were 8 inches in diameter and could store just 1 MB of data.

DID YOU KNOW?

Twitter was almost named "Twitch" before the final decision was made.

Snapchat's initial launch did not go well; it had fewer than 1000 users in 2011.

The oldest known "computer" is the Antikythera mechanism, an ancient

DID YOU KNOW?

Apple's iPhone was almost named "Telepod," "Mobi," or "Tripod."

Sony's first product was a rice cooker.

The symbol "@" was used in email addresses before it had a name; people called it the "at symbol."

DID YOU KNOW?

The original Nintendo was a playing card company.

The first hard drive was created in 1979 by Seagate and could hold only 5MB of data.

The largest pizza ever made was 13,580.28 square feet, created in Rome, Italy.

DID YOU KNOW?

The fastest 100m sprint ever recorded was 9.58 seconds by Usain Bolt in 2009.

The heaviest aircraft pulled by a single man weighed 188.83 tons and was pulled 8.8 meters.

The most languages spoken by one person is 58, achieved by Ziad Fazah.

DID YOU KNOW?

The largest human mattress dominoes involved 2,019 participants and was achieved in China.

The largest yo-yo measures 11 feet 9 inches in diameter and was operational.

The first patent for toilet paper was issued in 1857 to Joseph Gayetty in the United States.

DID YOU KNOW?

Toilet paper was originally marketed as a medical product.

Ancient Romans used a sponge on the end of a stick that was soaked in water as toilet paper.

The International Space Station uses a vacuum system to handle waste, due to the lack of gravity.

DID YOU KNOW?

Before toilet paper, people commonly used corn cobs, leaves, stones, and even seashells to clean up.

The most toilets flushed simultaneously is 1,000.

The first heated toilet seat was invented in the early 1960s in Japan.

DID YOU KNOW?

"Pay-per-use" toilets are common in Europe, charging a small fee for access.

Superman appears in some form in every episode of Seinfeld.

Humans did not evolve directly from monkeys.

DID YOU KNOW?

Most viral DNA sequences embedded in human genes are no longer functional.

Our sense of taste activates quicker than the blink of an eye.

Crying can enhance your mood.

DID YOU KNOW?

Without their tails, kangaroos are unable to hop.

A goldfish will lose its color if kept in a dimly lit environment.

Turtles risk drowning if submerged underwater for excessive periods.

DID YOU KNOW?

The electric chair was the brainchild of a dentist.

Humans consume a significant amount of water.

The Russian team was twelve days late to the Olympics in 1908.

```
E A N N R D T M S T R I E S C
D V T O E E E E A E T K I M L
S E I T I D D T K H E B H V O
F T S T E T D D E C A M H L U
T O I S A N U I E K A T E Q D
Q G R W E N D B L B N J M D L
L C Y E T R R A I S I A D A E
R O S I V I P E N R K W L P S
S G V P H I N X T T T C I B S
S S E C N I R P E L S T A N R
Y F I L A U Q S I D A M A B Y
E N R O L L M E N T S V P G J
S N O I S S I M R E T N I B A
O V E R C O M I N G H P W I C
S C H E M E R S P O T T I E R
```

ALTERNATIVE	ENROLLMENTS	SCHEMER
ATTENDANTS	EXPRESSED	SEEMED
ATTRIBUTION	INTERMISSIONS	SPOTTIER
BACKSLIDDEN	JACKET	TRIES
BEDDER	MAHATMA	VISOR
BLANKETED	NITWITS	PRINCESS
CLOUDLESS	OVERCOMING	DISQUALIFY

```
A N E S T H E T I Z E D F S S
D C C G R E V I R D J W I M K
S E H O N F I L M I N G L W X
L E R A U I R D M P Q C E T T
N A N E P N D E R A U Y D B P
I O T I F A T L L O N R N U T
O I I E N F R R O E W S I N X
B T S T R I U R Y K B N A T D
Z I G O A A M B A S C I A R Y
K Q M Z U N L E E L I U L O D
N I G H T S M E F P S D C B L
S L I P P E R S D Y V Z E X F
M I S C A L C U L A T E D U A
D O O H T S E I R P I P C P R
T A N K E R G N I K N I W Z P
```

ANESTHETIZED
BUFFERED
CHAPARRALS
COUNTRYSIDE
CUCKOLDING
DRIVER
FEMININES

FILMING
IMPURITY
LATERALED
LIBELER
LOANWORD
MANSARD
MISCALCULATED

NIGHTS
PRIESTHOOD
SLIPPERS
TANKER
WINKING
NATION
FILED

```
A D J U R E S B C E A S E S S
C N T N J Y A I R D S R O C A
A D O P D Z U R O E Z D L J N
L S E I Y S C G P A A N D U D
C S E T T R Y G T D W D W D A
U S L I S A C J I L L L T R L
L R G O R I S Y O I Y N C H C
A B K I W E O R N E K T M I S
T Z W G W L S H E R W F E N R
E W A G E S Y A D V M M G O F
D E L E C R A P M Q N O O C A
M A N A C L I N G A G O E E J
H C R A I R T A P I L K C R N
L E U Q E R P D E M R O W O O
G N I L I A T E R P M P X S T
```

ADJURES	LAMASERIES	SANDAL
BREADTHS	MANACLING	SAUCY
CALCULATED	OPTIONED	SLOWLY
CEASES	PARCELED	SWIGS
CONVERSATION	PATRIARCH	WAGES
CRYPT	PREQUEL	WORMED
DEADLIER	RETAILING	RHINOCEROS

```
B C I L O H T A C H O P I N G
A L O S E N H A N C E W L Z F
N I F N S T E N L A R G I N G
G N U S T E A F R E S H E N S
L C R P D E N R M A K E R X Z
E H B A O R S T O D E D I S U
X K I S V U A T C T O A X M P
C P S S P T G A E C I Q U O
Q D H K D I Q L G N R E C T D
C X E E Q C K P A A T I R T H
N G D Y S R A Z T W L S D I D
G N I R R E T N I S I D G E D
S E T A L E R P Z U C N G S I
S E L B B A R C S L F R G T Z
S P O U T S P F M W L D E B B
```

BANGLE	ENLARGING	PRELATES
CATHOLIC	FRESHENS	SCRABBLES
CLINCH	FURBISHED	SIDED
CONTESTANTS	HOPING	SMUTTIEST
DIRECTNESS	LAGGARDS	SPOUTS
DIRECTORATE	MAKER	TZARS
DISINTERRING	OUTLAWING	PASSKEY

```
A E R I E B U R N I S H I N G
S D N I K A I R E T T U G H P
D E L E G Y P L C G O A S E S
S E T L N I K E L I G E K A T
U B N A R N N R I E T I P S Y
J N I I I G O J C S T A D G A
U I D H A V D E S S E R P X E
S E D I A D E S S A R O M E B
Q A H R D S S D X K W X J W H
Q Y L L A N O I T N E T N I Y
Z J J I B C L M D T K E D J R
D E S S E T S O H M U U L H Q
E L O H K N I S B E J S S S J
Y V Q U B R T H L S S C Q V I
M F F U R Q H S R Y L M W N K
```

AERIE	GUTTER	SALIENTS
BAYING	HEPATIC	SINKHOLE
BILLET	HOSTESSED	SLEEKS
BURNISHING	INTENTIONALLY	TIPSY
DEVIATES	KINDS	UNDID
DIGGER	MORASS	EXPRESSED
DISDAINED	OASES	SAHIBS

```
A C H O O S S M O R T A R E D
N D O G G S E R S P I P E S P
C Y E N N C S E T B X D T L
I I R R F I I I A H N I C D A
E S N A A I S L L I S E W Y T
N O P D N D R S L L U P E O
T U T S I E N M U I A A L S O
E B O S A G L E T C F T O B N
S E V V T R N P L R O L I Z C
T K U E D I C A R A O F U O C
C O N F O R M I N G C T K F N
D E I D U T S E R T M Z T C K
S U R G I N G A R Z L F L E T
G N I L L I C N E T S Y O G D
J I Q T E Z Z X S K F D Q W K
```

ACHOO
ALIASES
ANCIENTEST
BLUSHERS
CALENDARED
CONFIRM
CONFORMING

FULFILLING
INDIGNANTLY
MORTARED
OSCILLATION
PENTS
PIPES
PLATOON

RASPS
REMITS
RESTUDIED
STENCILLING
SURGING
TROTTED
FOCUSSING

```
B B L E V A N G E L I C A L S
F I R U G N I C N A L E E R F
G O L E F S S E N I T L I U G
A C N L A S N Z B H E G H T P
R Q L D E T P O E A T H E U A
R S N A E T H U L B N K R F S
U U V W N R I E C A U V A T S
L X R B U D H N C X S S L I A
O Y D V B O F P G C Y I D N B
U N O I T A C I F I T A R G L
S P I O U S L Y L F C Z Y V E
L O B S T E R E D L D D Z Q G
S N O I T I S O P O R P F S D
S T A O C N I A R E D A M N U
S K I P P I N G J V D B I H I
```

BILLETING
BREATHE
CUPSFUL
EVANGELICALS
FONDER
FREELANCING
GARRULOUS

GUILTINESS
HERALDRY
LANDFILL
LOBSTERED
PASSABLE
PIOUSLY
PROPOSITIONS

SALON
SKIPPING
TUFTING
UNMADE
ZEBUS
RAINCOATS
GRATIFICATION

A B D C I T A R C U A E R U B
N L A E S C O C H L E A L M N
O D A S H S C O N T E S T E D
I H E I T C E J U N G L E L V
N S E S T A E N P R W I C O D
T D F A O S R E I E E H N D N
M W V F L P E D S L T T E Y Y
E U A Q O S M L I E L A S L H
N W A R P K F O E Z B I R A K
T Z T R M M C K C C I Y H D R
S E I R O T S I B X B N P C S
E V I T O V U M K A W N G J U
I M P L A C A B I L I T Y Z K
G N I L D D O C Y L L O M B F
S L E N I T N E S D Q A E B M

ANOINTMENT   CONTESTED   PRAWN
BASTARDIZING   HEALS   RASTER
BESEECHED   IMPLACABILITY   SENTINELS
BUREAUCRATIC   JUNGLE   STORIES
CELESTIAL   KICKOFFS   VOTIVE
CHILLINESS   MELODY   WHELK
COCHLEA   MOLLYCODDLING   COMPOSED

```
T C S N O L H T A C E D F G L
P O H C I T C A D I D F A R A
A N O U F A M I N E N M K A U
T D S F C R D R H E U M E V N
R I L E A K I E F F H X R I D
O T Q I I G S G Z F E Y S T R
L I K X H H N A H I A Q M Y Y
M O Y D S C C I T T L T E G G
E N J P D V D R T P E A S I Q
N A S H A H S N A S W N E X X
N L R E T A W U A R A W E D Y
S E U D B U S S N R E C B D I
O V E R N I G H T S G I E A L
N A T I O N A L I Z E S H R L
P G R D F Z O X O C R K N U Y
```

AFOOT	GRANDCHILD	RECASTING
CHUCKS	GRAVITY	RHEUM
CONDITIONAL	HIERARCHIES	SHAHS
DECATHLONS	IDEALIZED	STAFF
DIDACTIC	LAUNDRY	SUBDUES
FAKERS	NATIONALIZES	WATER
FAMINE	OVERNIGHTS	FRIGHTENED

```
A S S O C I A T I O N U E V D
B E M U S E D B E T H I N K E
D E C R I E S E H C P F G G F
G N I T R E X E L R N Q O U L
S T N U A L F H S L B D R N A
G N A R L S U O I P I U G N T
G R A S S H O P P E R R E Y E
H O U S E H O L D E R S D M D
S E S N E C N I M A C I N I M
L A N I D U T I T A L X G Z I
S P S I N E S N R U N O F F S
U L H U D V T D E M M U R H T
O H A B E S F S F T B E G M E
K I G N B L Y I U N A O J F O
M A C L T G P G H O U P B S Y
```

ASSOCIATION   FLAUNTS   OUSTED
BEMUSED   GNARLS   PATENT
BETHINK   GRASSHOPPER   PIOUS
DECRIES   GUNNY   RUNOFFS
DEFLATED   HOUSEHOLDERS   SLANT
DRILLED   INCENSES   THRUMMED
ENGORGED   LATITUDINAL   EXERTING

```
E S D S C R C D E H S A R C L
S G E E H E O R G X B L P E
Y L D D Z L O L S A K J E R S
V T T A I A T C B T K D V E S
R T Q N B T L S K B A E E T O
I K C K E S E B U E O R R Z R
F K E R M M T B M B D C A E S
C O N V A L E S C E D S G L R
S A Z K T Y R U B E Y F E S O
V L U H W B F J O F L G D I U
G N I T A U N I S N I G C W N
L A T T E R L Y S C E V N B D
G N I T T A P Q N H M D S I E
S E I T I S O R T S N O M R S
S H A K E U P S H M G Q Z O T
```

BADGE
BETIDES
BLAZED
BUSTLES
CHOCKED
COBBLER
CONVALESCED

CRASHED
CRAYFISH
DENOUEMENT
DRAKE
INSINUATING
LATTERLY
LESSORS

MONSTROSITIES
PATTING
PRETZELS
ROUNDEST
SHAKEUPS
SINGLE
LEVERAGED

```
C  B  Y  T  E  R  R  A  G  D  A  G  G  U  R
S  I  O  L  N  G  Y  D  E  E  K  D  A  O  K
S  N  T  A  G  I  N  S  E  A  M  S  R  F  U
R  O  I  A  T  N  E  I  N  N  X  S  D  F  E
V  E  R  A  B  E  I  O  D  I  E  N  E  N  K
R  D  T  T  L  O  R  S  N  N  Q  Z  N  S  Q
M  L  K  T  I  P  R  M  U  G  A  C  I  A  P
P  N  Q  N  I  E  X  C  E  F  X  P  A  W  L
I  N  V  E  R  T  S  E  A  S  N  C  X  Z  D
G  N  I  T  R  O  P  E  D  V  S  O  Y  E  X
G  L  A  D  I  O  L  A  S  L  E  A  C  W  P
E  C  N  A  V  E  I  R  G  U  C  K  G  A  V
T  S  I  H  C  O  S  A  M  S  T  S  A  E  Y
T  S  E  I  D  D  U  M  H  Y  E  D  Q  N  V
S  L  A  I  C  E  P  S  W  I  S  H  E  S  T
```

ACROBATIC	GARRET	SORTIE
BOATER	GLADIOLAS	SPECIALS
CONFUSINGLY	GRIEVANCE	SWISHEST
DEANING	INSEAMS	TITTER
DEPORTING	INVERTS	WIZENED
EXPANDING	MASOCHIST	YEASTS
EXPLAINS	MESSAGE	GARDENIA

```
B B A B C A T W A L K S D E I
G A A I O D T S Y A L S I N N
G N S W N X R O R W R A G J C
P N I K D O E E W E L F N O A
J I I N E I G S A E T J I I R
O M H T U T E E D D L R T N N
Y I M S A M B R B A S N A O A
O D Q G R C M A T Y P U R G T
U Z E E O O I O L U N J I I I
S Q O R M Y N L C L O Y E R O
L U R K I N G R P T S K S L N
A U I Q X F Y I E U Z D R A S
Z C T V R U S T I V D R L O K
E Y G N I M M I L S O L Z G W
P O L I C E W O M A N G I H V
```

BASKETBALLS   DUPLICATING   POLICEWOMAN
BAWDIER   ENJOIN   SLAYS
BEGONIA   GARTERS   SLIMMING
BOXES   GOVERNORSHIP   TOWEL
CATWALKS   INCARNATIONS   WORKOUT
COMMUNING   JOYOUS   MISFIRED
DIGNITARIES   LURKING   DREADS

```
G A G S B E W B O C C M B C R
L N P N T D V C N W A E A O E
I T I P I C O T D B E N R N E
Z E L Z R U U O R H S H B S F
U R D U I O Q D M U U A E O E
X I E A B T X I E S R D R L R
S O N M H R A I T D A E S I S
R R L E I S I M M N S N H D R
S E V O T T P C I A A E O A I
D S S Y C A I M A L T V P T G
G W X O N C O R A N C E S I K
U P T U R N I P A L T C M N F
V K E R W T M P M M H S A G F
S E K A L S R E R A U Q S M V
E N I C C A V Y P B E M F L T
```

ACCLIMATIZING
ANTERIOR
ANTIQUING
APPROXIMATE
BARBERSHOPS
CAESURAS
COBWEBS

DEDUCT
DOOMS
LAMPSHADE
LUBRICANTS
MARITIME
MENHADEN
OATEN

REEFERS
RESORT
SLAKES
SQUARER
UPTURN
VACCINE
CONSOLIDATING

```
E  S  S  D  U  X  D  X  Y  D  W  P  O  W  V
R  U  T  E  E  F  A  I  N  E  R  A  U  H  Z
P  E  G  N  G  C  M  C  A  C  H  C  T  I  W
C  K  I  O  E  N  S  Y  S  A  N  K  C  M  G
Y  X  U  P  L  M  A  E  R  D  C  E  L  M  P
F  F  U  J  M  A  E  H  L  E  K  T  A  I  Q
H  Y  W  C  I  U  N  L  C  A  H  R  S  N  N
D  E  S  I  V  E  R  A  T  Q  V  C  S  G  Q
S  Y  E  N  O  O  L  F  E  T  N  N  T  M  B
D  E  N  O  U  N  C  I  N  G  A  A  O  A  O
F  I  R  E  H  O  U  S  E  S  U  B  G  C  H
S  T  I  F  T  U  O  P  U  L  L  E  R  S  T
R  E  T  O  U  C  H  E  S  X  Y  K  E  T  L
G  N  I  G  G  U  N  S  O  L  I  D  E  S  T
T  R  A  D  U  C  E  L  D  E  E  H  W  Q  B
```

ANALOGUE	FRUMPIER	REVISED
BATTLEMENTS	HATCHERY	SNUGGING
CHANGES	LOONEYS	SOLIDEST
CONVALESCED	OUTCLASS	TRADUCE
DECADE	OUTFITS	WHEEDLE
DENOUNCING	PACKET	WHIMMING
FAINER	PULLERS	RETOUCHES

```
A M T N O N M H C C I G Z I M
S T I E X B I T K R C Q I N A
J E A B M H E H N O L Y N T L
R R X M U O S Y P Q P X P E I
S J Q E O R C E S U L L R R C
M E X N S T E J I E A D E M I
D E D A V E U H I T N D A E O
D E G N O R P A C T R C C N U
F O R E W A R N S E O A H T S
E T A N I M L U F Q B F E S L
K N A P S A C K U Y H W D H Y
K N O T T I N G N O T O R P I
S D A E H R E T T E L G R O O
P R O H I B I T S L I T T E D
E A H B G S Y M X M N G N A G
```

AUTOMATA
CHERUBIM
COMET
CROQUETTE
DAUPHIN
EVADED
FOREWARNS

HEARTIES
INTERMENTS
KNAPSACK
KNOTTING
LETTERHEADS
MALICIOUSLY
NYLON

PREACHED
PROHIBITS
PRONGED
PROTON
SEXES
SLITTED
FULMINATE

```
Y E D I S A R S W I R L Y E I
A R Y M D M D E R Q Z R E X N
B S G L O E G E D E U O V C V
G C T N L R A I M D Y K X U E
J Y M R A A T L D S A A F L S
Q U P I O Z C I I A A L P P T
O C Z S E N G I F Z R P B A I
G U T T U R A L T I E A S T T
V A P O R S V U H N E O P E U
R E A C T I V E T W A D D A R
C I T A M U E N P I V R T I E
M O N O M A N I A C C L F T S
K W R U E T A R U A T S E R K
R O M A N T I C A L L Y I X L
S T A G N A T E S U C F D Z W
```

ANGRY	INVESTITURES	RESTAURATEUR
ASIDE	MONOMANIAC	ROMANTICALLY
ASTRONAUTICS	MORTIFIED	SPASMED
BLADDER	MORTIFIED	STAGNATES
EXCULPATE	PARADIGMS	SWIRLY
FRANTICALLY	PAYERS	VAPORS
GUTTURAL	PNEUMATIC	REACTIVE

```
B  H  G  S  E  H  O  R  D  E  S  P  P  R  T
I  O  S  R  E  U  Y  J  H  U  A  I  R  U  I
T  U  L  I  A  H  G  B  D  R  D  X  O  M  D
T  S  G  A  F  T  S  N  B  W  V  I  T  M  B
E  E  Q  N  I  W  E  U  A  U  N  E  E  A  I
R  C  K  B  A  T  A  S  G  R  H  J  A  G  T
E  L  C  U  E  B  N  R  E  M  A  H  N  I  S
R  E  K  U  J  A  E  E  C  L  X  H  S  N  A
S  A  O  A  Z  N  N  H  T  V  I  T  J  G  B
G  N  I  T  N  I  T  K  S  I  J  R  H  Y  C
I  I  S  P  I  C  I  E  R  M  N  U  E  F  I
E  N  S  M  O  T  H  E  R  E  D  E  N  T  B
G  G  S  S  E  N  E  S  R  A  P  S  P  L  S
R  A  E  W  S  T  R  O  P  S  D  T  O  P  D
S  G  N  I  L  K  N  I  R  P  S  L  I  M  E
```

BITTERER	PENITENTIAL	SPORTSWEAR
CRAWFISH	PIXIE	SPRINKLINGS
GRATES	PROTEANS	STERILE
GUSHES	RUMMAGING	TIDBITS
HARANGUE	SHEBANG	TINTING
HORDES	SMOTHERED	TRUEST
HOUSECLEANING	SPARSENESS	SPICIER

```
C C C C F G L O O M I N E S S
L O O O R I A S H A K O O H K
U D N N I D K P S L E E P Z B
M D G N V R P A I S A A V E J
S I L I O J H K H N S M V B A
I N O V L B J F G K G I R R Q
N G M I O S R O T A V I T O M
E D E N U O N S E T S Q V U N
S X R G S T I A F R A P B N H
S F A D E K C U P F U M N D E
Y L T N E I D E B O S I D E K
F L E S R A S L U P L P C D G
P E D R E G R O U P I N G A L
S O U N D I N G A R D N U T T
S E Z I L I R E T S Q D Z P S
```

CLUMSINESS	HOOKAHS	PULSARS
CODDING	KHAKI	REGROUPING
CONGLOMERATED	MOTIVATORS	ROUNDED
CONNIVING	NORMAL	SOUNDING
DISOBEDIENTLY	ONSETS	STERILIZES
FRIVOLOUS	PARFAITS	TUNDRA
GAPING	PEELS	GLOOMINESS

```
D D S M C E T A N I M O N E D
D E E A S L E X A M I N E S K
F Y T M I I A J E R S E Y S F
Y U S N O S H P A R E V I U Q
K M T L U O S C P U S L Y Z Z
D N O I E L B A E E N R T B C
T E E N L X B Y C T D T E E Q
F E T E O E I P R H A T P E M
Y Q R O C R L C R D K C P K S
R N J M I A T Y S U R V E Y S
O L M U L R P S G O G A N Y S
D Z K Q Q Y P S A U E D Z L C
Z W Y A X D R P R G B T F I R
T S I G O L A R E N I M Q M W
L A N I F R E T R A U Q L D D
```

BLUNTED	FUTILELY	RIOTED
BOOMED	GASTRONOMY	SEERS
CASSIAS	JAUNT	SURVEYS
CATECHISM	JERSEYS	SYNAGOGS
CLAPPED	KNEECAPS	TERMLY
DENOMINATE	MINERALOGIST	WIZARDRY
DYSLEXIC	QUARTERFINAL	QUIVER

```
R C A E L B A T U B I R T T A
G O N S R U A S O T N O R B G
A L T E C D E C A Y E D K P R
W L I A M R I M G D E W E M O
K E C S L H A S A L Q F K L C
E C K E D I S T P C U P U X E
D T I N G N H U E R I I I F R
R E N F K D U I B R O A E U S
A D G S P X E O N S I O T S I
E V I L D O E R F N K N F E T
F O U R T E E N S M A C G O D
S E R U S A E L P D U A E A P
P R O G R E S S I N G D B P W
P U T R E F I E S T A M E N S
V U V L D X H B T C N M I L R
```

ANNIHILATOR	DISPROOF	MEWED
ANTICKING	DUMFOUNDS	PLEASURES
ATTRIBUTABLE	EMACIATED	PROGRESSING
BRONTOSAURS	EVILDOER	PUTREFIES
BUSHMEN	FOURTEENS	SPECKS
COLLECTED	GAWKED	STAMENS
CRATERING	GLUIEST	GROCERS

A	D	S	E	X	E	M	P	L	I	F	Y	I	N	G
R	N	E	E	Y	C	N	A	F	S	E	I	S	T	K
R	F	I	Z	I	G	L	U	M	M	E	R	M	A	N
E	Y	U	S	I	N	S	E	L	A	B	K	K	M	O
A	D	L	R	E	D	N	A	W	O	Z	T	O	H	W
R	S	E	L	B	E	R	U	P	D	M	Q	B	J	I
S	E	A	U	A	E	D	A	B	A	L	R	F	R	N
D	F	D	B	G	R	L	N	T	B	P	Y	O	A	G
E	F	D	D	M	A	O	O	D	S	B	K	S	I	E
D	Z	Z	K	E	A	L	Z	W	B	A	T	R	S	R
B	E	P	Y	W	R	S	P	O	M	T	B	B	I	G
L	A	C	I	G	O	L	O	C	E	N	Y	G	N	U
D	E	N	R	U	P	S	D	N	U	O	W	T	S	A
S	T	R	O	N	T	I	U	M	Q	H	X	U	W	O
E	R	O	B	A	N	D	B	J	H	T	Z	J	Y	J

ANISEED
ARREARS
BASTARDIZED
BUNNIES
EXEMPLIFYING
FANCY
FURBELOW

GYNECOLOGICAL
JOKES
KNOWINGER
LEWDLY
ORALLY
ORMOLU
PAPAS

RAISINS
REDDER
SAMBAS
SPURNED
STRONTIUM
WOUNDS
GLUMMER

```
E  A  K  O  O  Z  A  B  C  D  T  L  I  T  S
G  C  S  S  C  R  I  N  O  L  I  N  E  S  K
F  N  M  R  F  E  P  S  O  O  S  K  L  Y
L  A  I  E  L  E  I  M  U  H  G  U  O  X  K
O  D  Y  S  I  A  N  L  U  P  A  I  T  W  Q
U  Q  C  N  S  B  B  O  A  L  P  D  E  F  N
T  K  R  F  L  O  M  M  C  M  F  E  E  D  D
S  D  I  J  V  I  R  A  E  L  E  E  D  W  V
Y  K  C  I  R  T  N  C  J  A  A  N  N  S  X
D  R  O  W  N  I  N  G  S  D  K  F  T  T  Y
N  O  I  T  C  E  L  F  U  N  E  G  X  I  H
R  E  I  K  S  I  R  S  C  I  B  H  G  K  G
T  U  S  H  E  S  J  K  K  O  S  T  S  G  Z
V  O  I  Y  Z  G  V  S  B  K  H  T  O  I  H
B  B  T  O  W  B  L  T  X  S  O  G  S  T  W
```

AMBIENCE	EMBALMS	RISKIER
BAZOOKA	FALCONERS	SHADE
BOOGIED	FILAMENT	STILT
CLOUT	FLOUTS	TRICKY
CRINOLINES	FLUME	TUSHES
CROSSING	GENUFLECTION	WISHED
DISOWN	LINGUISTS	DROWNINGS

```
A A B C S A B I U E F S J R T
N N T O A K L R O I L I N G S
A S C T D C R A E H I T H E R
E K T E A E K O O R G P S T J
S L I N S C S L C K H L H E M
T M E C E T K R E X T A O N O
H M A T K M O S F D L T W F L
E A U T N I L R Z C E E N O U
T Y R T T A E I S K S N Y L Z
I Y E T I O M R A G S S R D X
S Z W P B N C R A T C E N G E
T P I L G D Y K G R R H D P O
S M U D N A R O M E M U K U P
S R E H P O S O L I H P C N L
S E I P M A C S P A X Q K M Y
```

ANAESTHETIST	HITHER	PHILOSOPHERS
ANCESTORS	KICKIER	PLATENS
ATTACK	KOALA	ROILING
BODES	MANTEL	SCAMPIES
CACKLED	MATTOCK	SHOWN
CORKS	MEMORANDUMS	TENFOLD
CURTAILMENTS	MUTINY	FLIGHTLESS

	2		3					
					7			1
					8	3	6	
9			2		6	8		
	5					9		
8		4	1				3	
					4	7		
		2	6					
	6	1		7		4		

			1					
5	6	8						
	3			6		7		
9		2	5					1
				2		5	7	
8			4			6	2	
			2		1		3	
4	9						6	
				9				

								6
9	8	6		4				7
	5					3		
3			2					
			6	9			1	2
					8			
	4						6	
				1		4		
7		2	9					

		9						
3			5		1		2	
6							5	
5							3	7
			8	4				
					2	6		
		1		2			7	
				5		4		
9				7	4		1	

6		7						9
		8		1	9			
	5					6	2	
5							1	6
4	2			8		5		
	1		9			7		
1				2			6	
					4			7

7				3			5	
							7	9
		2			5			
		3	5		4	6		
6						3	1	
8	4							2
			4		3			1
2					1			
	5			9				

					9			7
			7		5		3	
		2						
		6	9					8
7			6		3		5	
3				1				
5							6	4
			1	2		8	9	
1								

		2			9	6		
	3			5				2
	4		2		7			
	5			4				
1								
		6			1	9		
	2	7	6					8
			8			5		
	9			1				3

					8	5		
	7			5	9	2	8	
		3						9
		1	5					
	4					6		7
	9		3			8		
		7		9	5			
8						9		
		2	8	1	6			

9		5	7			2		
					4		6	
				8	5			
7			8				9	5
4				5				7
							4	9
2		6		1	9			
	1							6

3				4	9		8	
			1			4	6	
	4							5
2		3						
8						1	5	
5		1	9			3	7	2
4			5	2		7	9	1
9	5	7			1			6
		6				5		4

7	8					4	6	3
2					4			9
	5		6					1
		7				3		6
8	4		9	6	3		2	7
		3	1		2			
9	3	2						4
					9			
4			3	5	1		7	

			5	6	8	4	7	
	5	9		1	7			
	7		9	2			5	1
2			1	8		5	4	3
				3		9		6
9		8						2
			2					7
				5			2	
1	8	2					9	

	2			6			3	8
			3	9		7	6	
3	7	6	5		8		4	
					1	6		
	3	9					1	4
	1				7	3	5	9
		7	1	2	3			
2							7	6
	9		8	7	6	4		

					2	3	4	1
7	4			5		2		
		1			4			
5	3			1	6		8	7
		8		4				
						1		4
	8		5	2	9	6		
	1	9				7		8
3	5	6			8	4	9	

						5			3
			4	3	1		8	6
			2	7		5	4	
6		5				9	3	
	2			5		4		1
	7		1	2		8	6	
9	5	8		6	4	2		
	6				9			
		7		1		6		8

						4	6	
					9	3		
1				7		2		
			5		6		1	3
		3	1		8			7
6		1						2
	3	8			7			
7		9	4			5	3	6
		6		5	1	7		9

6	5	3				1	7	
					6	5	9	
4	1		5	3				
	8	6		9	5		4	7
1	9					8	2	
			6	8		9		
			8		4			
			3				5	
7		4		5	9	6	8	

6	5	3				1	7	
					6	5	9	
4	1		5	3				
	8	6		9	5		4	7
1	9					8	2	
			6	8		9		
			8		4			
			3				5	
7		4		5	9	6	8	

2		1	5			4	3	
7					2			
	4		3	1				7
4					6		8	
	7		8		1	6	5	
1			4					
		6		9	5		4	
	3						2	6
		4	6					5

	5	2				8	4	
	8				2	7		9
3	7	9			4			
7			3				6	1
				6		5		
8			7			3		4
9			8	7			5	6
	3						8	
	1	8	2			4		

	5	2				8	4	
	8				2	7		9
3	7	9			4			
7			3				6	1
				6		5		
8			7			3		4
9			8	7			5	6
	3						8	
	1	8	2			4		

4								
8			4		3		6	9
	3	2	6	7		5		
	1	5			2	8		7
			7	6		3		1
	9			4		2		
1	6					9		
3			9	5	7			
			2			4		

7	5			6		2		
	3	4				9		
2		6						3
3	4						8	
		5	8		1		3	2
	7	2	9	5				
5		3	7		9	6	2	
		7						
4		8	2					

Made in United States
Troutdale, OR
01/26/2025

28348164R00066